A arte de fazer arte

4º ano
Ambiente

DENISE AKEL HADDAD

Escultora e artista plástica
Pós-graduada em Psicopedagogia e Arteterapia pela Universidade Paulista de Arte
Licenciada em Educação Artística – especialização em Artes Plásticas pela Faculdade de Comunicação e Arte da Universidade Mackenzie
Professora da rede de ensino particular do estado de São Paulo

DULCE GONÇALVES MORBIN

Licenciada em Educação Artística pela Faculdade Marcelo Tupinambá
Habilitada pelo Instituto Musical de São Paulo em Ensino Artístico Musical
Professora da rede de ensino estadual e particular do estado de São Paulo

PRISCILA DE CARVALHO OKINO

Licenciada em Educação Artística – especialização em Artes Plásticas pela Escola de Comunicação e Artes da Universidade de São Paulo
Professora da rede de ensino particular do estado de São Paulo

Editora Saraiva

Dados Internacionais de Catalogação na Publicação (CIP)
(Câmara Brasileira do Livro, SP, Brasil)

Haddad, Denise Akel
A arte de fazer arte, 4º ano / Denise Akel Haddad, Dulce Gonçalves Morbin, Priscila de Carvalho Okino. – 2. ed. – São Paulo : Saraiva, 2013.

Obra em 5 v.
Suplementado por manual do professor.
Bibliografia.
ISBN 978-85-02-20681-6 (aluno)
ISBN 978-85-02-20682-3 (professor)

1. Artes – Ensino fundamental 2. Artes – Estudo e ensino I. Morbin, Dulce Gonçalves. II. Okino, Priscila de Carvalho. III. Título.

13-06749 CDD-372.5

Índices para catálogo sistemático:

1. Artes : Ensino fundamental 372.5
2. Educação artística : Ensino fundamental 372.5

Gerente editorial	M. Esther Nejm
Editor	Eneida Célia da Silva Gordo
Editores assistentes	Myrian Kobayashi Yamamoto, Paulo Ribeiro
Edição de texto	Glaucia Amaral
Coordenador de revisão	Camila Christi Gazzani
Revisão	Mariana Albertini, Mariana Belli
Assistente de produção editorial	Rachel Lopes Corradini
Coordenador de iconografia	Cristina Akisino
Pesquisa iconográfica	Márcia Trindade, Cristiano Vieira, Alice Bragança
Gerente de arte	Ricardo Borges
Coordenador de arte	Aderson Oliveira
Produtor de arte e design	Narjara Lara
Capa	Megalo Design com imagem de Dorling Kindersley/Getty Images
Vinhetas	Lúcia Brandão
Diagramação	VETOR Serviços Editoriais
Ilustrações	Glair Alonso Arruda, Lúcia Brandão
Assistente de produção e arte	Regiane de Paula Santana
Tratamento de imagens	Emerson de Lima
Produtor gráfico	Robson Cacau Alves
Impressão e acabamento	Vox Gráfica

073.497.002.008

Editora Saraiva

SAC 0800-0117875
De 2ª a 6ª, das 8h30 às 19h30
www.editorasaraiva.com.br/contato

Avenida das Nações Unidas, 7221 – 1º Andar – Setor C – Pinheiros – CEP 05425-902

APRESENTAÇÃO

Este livro vai ajudar a arte a ter um lugar importante em sua vida.

Aproveite cada detalhe, pois ele foi desenvolvido para que seu contato com esse universo seja bastante rico.

Atividades foram especialmente criadas e organizadas. Obras e artistas foram escolhidos com cuidado. Tudo para que você aprecie a arte como uma forma de expressão da humanidade.

Para completar esta obra, seu cuidado, seu interesse e sua dedicação serão essenciais. Bom trabalho!

LÚCIA BRANDÃO

SUMÁRIO

TEMA NORTEADOR AMBIENTE

PRIMEIRO BLOCO CONSTRUÇÕES, 6

SEGUNDO BLOCO PAISAGENS, 54

ILUSTRAÇÕES: GLAIR ARRUDA

TEMA NORTEADOR
AMBIENTE

Ambiente é o tema deste livro.

Na companhia do ____________________ e da ____________________ vamos explorar vários lugares, desde os que foram totalmente transformados pelo ser humano até aqueles onde as paisagens naturais foram parcialmente preservadas.

Primeiramente, vamos estudar a relação entre a arte e as construções humanas. Depois, vamos conhecer ambientes abertos e o conceito de paisagem.

E, para finalizar, pensaremos em maneiras de colaborar com a preservação de nosso ambiente, e também em como cuidar de nosso lugar no mundo.

GLAIR ARRUDA

CONSTRUÇÕES

Os primeiros seres humanos eram nômades, ou seja, mudavam-se com frequência de um lugar para outro. Para se alimentar, eles coletavam frutos e caçavam; para se proteger das más condições do tempo e de outros perigos, eles se escondiam em lugares naturais, como as cavernas.

Com o passar do tempo, o homem primitivo tornou-se sedentário, ou seja, começou a semear alguns alimentos e a fixar-se por mais tempo no mesmo lugar. As moradias dessa época comumente eram um tipo de cabana, construída com peles de animais e fibras vegetais. A partir disso, seres humanos de diferentes lugares do mundo foram descobrindo variadas formas de construir edificações. O barro e a pedra – materiais usados por muitas pessoas até hoje – possibilitaram a construção de moradias mais resistentes.

Desde os tempos mais antigos, nem sempre as construções têm a função de moradia. O Stonehenge, por exemplo, ao que tudo indica, era um grande monumento religioso pré-histórico feito de grandes pedras empilhadas.

Nos próximos temas, vamos conhecer um pouco dos diferentes tipos de construções humanas, como o iglu.

B. C. ALEXANDER/PR/LATINSTOCK

Homem em frente a um iglu, ao anoitecer, na Groelândia.

LIQUID LIGHT/ALAMY/OTHER IMAGES

Stonehenge, na Inglaterra (2005).

TEMA 1 A CASA

A casa é nossa morada, o ambiente onde costumamos passar grande parte de nosso tempo. É nosso hábitat, ou seja, o lugar onde vivemos.

Ao se construir uma casa são levados em consideração muitos fatores, tais como as condições do clima e do relevo do lugar, a situação financeira, a cultura e as crenças dos moradores.

Alguns povos constroem casas sobre estacas de madeira, chamadas de palafitas. O objetivo é evitar os estragos de possíveis inundações. Acredita-se que as palafitas tenham surgido no Período Neolítico, ou seja, esse tipo de construção existe desde a Pré-História.

As palafitas podem ser feitas de diversos materiais e encontradas em todo o mundo. Em alguns lugares, as palafitas são casas precárias localizadas em lugares arriscados; em outros, são construções refinadas em lugares paradisíacos.

GLAIR ARRUDA

JUVENAL PEREIRA/PULSAR IMAGENS

Palafitas da Comunidade Marajoara, às margens de rio amazônico, no Pará, Brasil (2009).

THINKSTOCK/GETTY IMAGES

Palafitas em Bora Bora, Polinésia Francesa.

THINKSTOCK/GETTY IMAGES

Palafitas em Bodensee, Alemanha (2006).

CASAS IMAGINÁRIAS

É muito comum pessoas de todas as idades desenharem uma casinha imaginária com porta, janelas, chaminé e uma árvore ao lado.

A casa também faz parte do imaginário de vários artistas e aparece com frequência como tema de diferentes linguagens artísticas, como a pintura, a literatura e a música.

Muitos artistas de diferentes épocas e lugares já desenharam, pintaram e/ou escreveram sobre ela.

Leia a letra de duas músicas que falam sobre o tema casa.

A casa

(Vinicius de Moraes)

Era uma casa muito engraçada
Não tinha teto, não tinha nada

Ninguém podia entrar nela, não
Porque na casa não tinha chão

Ninguém podia dormir na rede
Porque na casa não tinha parede

Ninguém podia fazer pipi
Porque penico não tinha ali

Mas era feita com muito esmero
na rua dos bobos
número zero

CD *A Arca de Noé*, Vinicius de Moraes.
Gravadora Universal, faixa 9 – Boca Livre, 1980.

A nossa casa

(Arnaldo Antunes/Alice Ruiz/Paulo Tatit/
João Bandeira/Celeste Moreau Antunes/
Edith Derdik/Sueli Galdino)

Na nossa casa amor-perfeito é mato
E o teto estrelado também tem luar
A nossa casa até parece um ninho
Vem um passarinho pra nos acordar
Na nossa casa passa um rio no meio
E o nosso leito pode ser o mar

A nossa casa é onde a gente está
A nossa casa é em todo lugar

A nossa casa é de carne e osso
Não precisa esforço para namorar
A nossa casa não é sua nem minha
Não tem campainha pra nos visitar
A nossa casa tem varanda dentro
Tem um pé de vento para respirar

A nossa casa é onde a gente está
A nossa casa é em todo lugar

CD *Saiba*, Arnaldo Antunes.
Gravadora BMG, faixa 10, 2004.

FORMAS INUSITADAS

Alguns construtores usam a imaginação para criar casas com formas bem diferentes.

Veja alguns exemplos nesta página.

GLAIR ARRUDA

PETER HORREE/ALAMY/OTHER IMAGES

ROB RAYWORTH/ALAMY/OTHER IMAGES

THINKSTOCK/GETTY IMAGES

IMAGINECHINA/CORBIS/LATINSTOCK

ALAMY/OTHER IMAGES

AFP/GETTY IMAGES/FRANZ NEUMAYR

ATIVIDADE CASA ENGRAÇADA

Agora é sua vez! Que tal desenhar uma casa engraçada?

Use sua imaginação e crie, no espaço abaixo, uma casa diferente de todas as que já viu.

Depois, utilize lápis de cor ou giz de cera para colorir seu desenho.

AMBIENTE MONOCROMÁTICO

Em artes plásticas, quando se utiliza apenas uma cor para compor uma obra dizemos que ela é monocromática.

Observe a obra abaixo, feita por Cildo Meireles.

O artista montou um ambiente com móveis e objetos comumente encontrados em uma casa. O que torna a cena diferente é o fato de todos os objetos serem da cor vermelha.

- Qual sua sensação ao observar esta obra?
- Como você se sentiria se vivesse em um lugar onde tudo fosse de uma única cor?

Converse sobre essas questões com seus colegas.

INHOTIM CENTRO DE ARTE CONTEMPORÂNEA, MG/PEDRO MOTTA, BELO HORIZONTE

Desvio para o vermelho: I. Impregnação (1967-1984) – Cildo Meireles.

OLHO-VIVO

A maioria das casas possui diferentes cômodos; cada um com sua função.

Nas fotos abaixo, podemos observar a sala de jantar e a cozinha da casa de Claude Monet, em Giverny, na França. O pintor gostava muito de cozinhar e receber os amigos para provar seus pratos.

A sala de jantar de Monet é um ambiente alegre, claro e acolhedor, com várias obras de arte penduradas nas paredes.

Observe as duas imagens e converse com seus colegas sobre as seguintes questões:

- Qual dos ambientes parece ser maior?
- Qual é a cor predominante nesses ambientes?
- Esses ambientes podem ser considerados monocromáticos?
- Quantos convidados Monet poderia receber na mesa da sala de jantar?
- Em cada fotografia, você consegue identificar a passagem de um ambiente para o outro?

ALAMY/GLOW IMAGES

Sala de jantar da casa do pintor Claude Monet e sua coleção de pinturas japonesas, em Giverny, França.

HEMIS/ALAMY/GLOW IMAGES

Cozinha da casa do pintor Claude Monet, em Giverny, França.

ATIVIDADE MINHA SALA

Você se lembra de todos os detalhes da sala de sua casa? Feche os olhos e tente lembrar-se de como é esse ambiente. Faça um desenho de memória no espaço indicado. Ao chegar à sua casa, faça um desenho de observação do mesmo ambiente.

Analise as diferenças e as semelhanças entre os dois desenhos. Use lápis de cor e pinte um deles com cores parecidas ao real. Depois, pinte o outro desenho de maneira monocromática, com tons diferentes de uma mesma cor.

Desenho de memória

Desenho de observação

FACHADAS

Fachadas são as faces de uma casa ou construção, ou seja, é a visão que se tem da casa do lado de fora.

A fachada principal de uma casa é sua frente, geralmente, a face que está voltada para a rua.

Uma casa tem também as fachadas laterais e a posterior.

Retratar fachadas de casas é um tema bastante comum na arte.

A fotógrafa Anna Mariani ficou conhecida pelas imagens que capturou de fachadas de habitações populares do Nordeste brasileiro.

Desenhe na página 97, no final do livro, fachadas de casas utilizando formas geométricas.

VOU SAIR POR AÍ FOTOGRAFANDO FACHADAS DE CASAS INTERESSANTES.

GLAIR ARRUDA

Fachada geométrica em Barra do Farias, em Pernambuco (1985) – Anna Mariani.

FOTOS: *PINTURAS E PLATIBANDAS* (2010), INSTITUTO MOREIRA SALES

Fachadas vermelha e amarela na cidade de Uaua, na Bahia (1986) – Anna Mariani.

Fachadas coloridas em Caracatá, na Bahia (1986) – Anna Mariani.

GARAGENS CRIATIVAS

As garagens, os portões e os muros também fazem parte da fachada de uma casa.

Uma empresa alemã chamada Style Your Garage desenvolve painéis fotográficos que podem ser colados no portão das garagens, transformando o visual da fachada.

A impressão é que o portão está aberto e, em geral, o que aparece lá dentro é algo inusitado.

ANTES

DEPOIS

KUNDENGALERIE

GLAIR ARRUDA

STYLE-YOUR-GARAGE.COM

STYLE-YOUR-GARAGE.COM

PORTAS E JANELAS

Nas fachadas, em geral dois elementos são muito importantes: a porta e a janela.

O artista sul-coreano Choi Jeong-Hwa usou um desses elementos. Ele reaproveitou mais de 1.000 portas, de diferentes cores e estilos, e recobriu um prédio de 10 andares. Essas portas parecem ocupar o lugar de janelas. O resultado visual é o de uma colcha de retalhos colorida.

KIM JAE-HWAN/AFP/GETTY IMAGES

Portas (2009) – Choi Jeong-Hwa.

KIM JAE-HWAN/AFP/GETTY IMAGES

ATIVIDADE ALGUMAS PORTAS E JANELAS

Observe diferentes portas e janelas que existem no trajeto de sua casa até a escola.

Escolha alguns modelos de portas e janelas que você viu.

Depois, desenhe-os ao lado, procurando registrar todos os detalhes.

Em seu desenho, posicione as portas e as janelas de maneira a formar uma composição.

BAÚ DE CURIOSIDADES

Quem já não brincou de construir casas com blocos de montar? Imagine fazer isso junto com muitas outras pessoas.

O artista Olafur Eliasson convidou o público a construir uma cidade gigante, com muitas casas e prédios, usando uma grande quantidade de peças de Lego brancas. O resultado foi incrível!

GLAIR ARRUDA

OLAFUR ELIASSON. THE COLLECTIVITY PROJECT, 2008

Criança participando na construção de uma miniatura de arranha-céu de Copenhagen, utilizando blocos de montar, como parte do *Projeto coletivo*, do artista Olafur Eliasson.

OLAFUR ELIASSON. THE COLLECTIVITY PROJECT, 2005/COURTESY THE ARTIST; NEUGERRIEMSCHNEIDER, BERL IN; AND TANYA BONAKDAR GALLERY, NEW YORK

Jovens interagindo com a obra do artista Olafur Eliasson.

OLAFUR ELIASSON. THE COLLECTIVITY PROJECT, 2005/COURTESY OF THE ARTIST; NEUGERRIEMSCHNEIDER, BERLIN; AND TANYA BONAKDAR GALLERY, NEW YORK © 2005 OLAFUR ELIASSON

Projeto coletivo (2005) – Olafur Eliasson – Instalação.

BRINCANDO

Nesta página, o quadrado está dividido nas formas de um tangram.

Tangram é um quebra-cabeça de origem chinesa. Com suas sete peças, é possível formar uma infinidade de figuras.

Pinte o tangram ao lado da maneira que preferir: todas as partes de uma cor só; uma peça de cada cor; ou, ainda, a mesma peça pintada de várias cores.

Recorte o quadrado maior e cole-o em um papelão.

Depois, recorte as sete peças, seguindo o traçado das linhas.

Com seu tangram pronto, tente montar as imagens de casa que estão abaixo ou invente outras.

LABORATÓRIO DA ARTE

Alguns animais também fazem casas para morar.

Um exemplo é o joão-de-barro, que pode ser considerado um verdadeiro engenheiro da natureza.

Que tal fazer uma casinha de passarinho?

EDSON GRANDISOLI/PULSAR IMAGENS

LOURDES FIEDLER

Material necessário

- caixa de leite
- papelão duro
- fita crepe
- retalhos de papel ou de tecido
- tesoura de pontas arredondadas
- régua
- caneta

Instruções

1. Trace um triângulo na parte da frente da caixa. Faça o mesmo procedimento na parte de trás (do outro lado da caixa).

2. Recorte a parte de cima da caixa para formar duas abas. Para isso, deixe cerca de 2 cm de distância da lateral de cada triângulo.

3. Dobre as abas como mostra a figura.

4. Cole as abas com fita crepe.

5. Recorte um retângulo de papelão e dobre-o ao meio para formar o telhado.

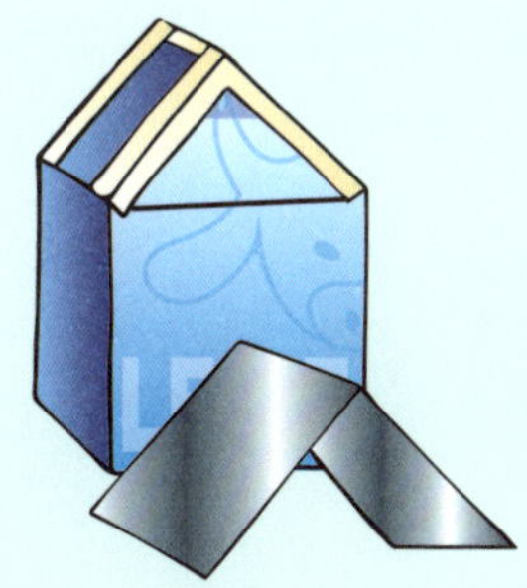

6. Encape tudo com papel ou tecido. Na parte de cima, cole o telhado. Na frente da caixa, recorte um buraco.

ILUSTRAÇÕES: GLAIR ARRUDA

PRAZER EM CONHECER

Nesta página, você conhecerá um pouco mais sobre dois dos artistas estudados neste tema.

Olafur Eliasson
(Dinamarca, 1967)

JOHANNES SIMON/GETTY IMAGES/AFP

O artista costuma tratar de temas que levam o observador a pensar em fatos que acontecem em diferentes ambientes de vários lugares do mundo.

Para construir suas obras, ele utiliza diversos tipos de materiais e também diferentes tecnologias. No trabalho abaixo, as páginas de um livro foram cortadas com raio *laser*. A imagem formada é a do interior da casa onde o artista mora.

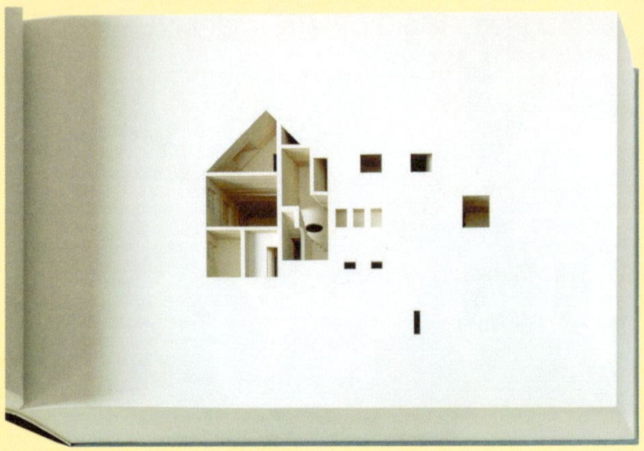

HARALD FRANTZ-CORTESIA DO ARTISTA; NEUGERRIEMSCHNEIDER, BERLIN

Sua casa (2006) – Olafur Eliasson – Página do livro publicado por Library Council of the Museum of Modern Art, Nova Iorque, 2006.

MUSEU DE ARTE MODERNA DE SÃO PAULO, SP, BRASIL

Inmensa (1982) – Cildo Meireles – Madeira (100 X 125 X 163 cm).

Cildo Meireles
(Rio de Janeiro-RJ, 1948)

ADRIANA ELIAS/FOLHA IMAGEM

O artista costuma utilizar objetos do cotidiano para criar suas obras.

Por isso, suas produções estimulam o observador a pensar nas coisas de outro ponto de vista e a ver o mundo de maneira diferente.

A obra de Cildo Meireles é reconhecida tanto no Brasil quanto no exterior.

TEMA 2 A ESCOLA

Observe a placa ao lado.

Ela indica que se está próximo de uma escola. Trata-se de um sinal de alerta para que os motoristas prestem mais atenção, pois na região há grande número de crianças e adolescentes em trânsito.

Converse com um colega:

- Mas será que as placas sinalizadoras são a única forma de identificarmos uma escola?
- Quais outras características nos ajudam a concluir que uma construção abriga uma escola?
- Será que todas as escolas ocupam prédios semelhantes?

Neste tema, você encontrará respostas para essas perguntas e descobrirá as relações que existem entre a arte e este lugar que é tão importante para você: a escola.

Área escolar: placa de advertência.

Antigamente, não havia escolas como conhecemos hoje em dia e pouquíssimas pessoas sabiam ler e escrever.

As crianças aprendiam observando os adultos. Por exemplo, desde muito pequeno o filho de um sapateiro observava como o pai fazia sapatos e dessa maneira aprendia o ofício.

Na Europa, no século XII, começaram a surgir as primeiras escolas, que eram lugares onde se aprendia a ler, escrever e contar. Os padres eram os responsáveis pela educação das crianças nessas escolas, por isso elas recebiam também ensinamentos religiosos.

Os primeiros professores do Brasil foram os padres jesuítas. Eles tinham a missão de ensinar a cultura e a religião portuguesa aos indígenas.

Foram eles que fundaram a primeira escola brasileira, na Bahia, em 1549.

O Pátio do Colégio, em São Paulo, também foi fundado pelos jesuítas, em 1554, e marca o nascimento dessa cidade.

DELFIM MARTINS/PULSAR IMAGENS

Pátio do Colégio, em São Paulo-SP (2012). Atualmente abriga o Museu Padre Anchieta.

ESCOLAS INDÍGENAS

Quando os portugueses chegaram ao Brasil, em 1500, havia muitos grupos indígenas por aqui.

Entre esses povos era costume que os conhecimentos e a cultura fossem passados de pai para filho, como uma escola da vida.

Atualmente, existem 215 povos indígenas no Brasil, que falam 180 idiomas diferentes. Por isso, as escolas indígenas devem ser interculturais, ou seja, devem considerar tanto a cultura indígena específica de cada povo quanto a cultura geral brasileira. Em muitas escolas indígenas atuais, as crianças aprendem o português, mas também a língua nativa de seu povo.

EDSON SATO/PULSAR IMAGENS

Ambiente interno da escola indígena localizada na aldeia Kolulu, em Roraima (2010).

GLAIR ARRUDA

RICARDO RIBAS

Escola indígena em forma de oca, na Reserva Indígena Xapecó, em Santa Catarina (2010).

CAROL DA RIVA

Livros na língua Baniwa, atualmente usada na maioria das escolas Baniwa e Coripaco.

OLHO-VIVO

O artista George Deem fez uma série de obras chamada de "Escola de Arte". A série é formada por releituras de pinturas de artistas famosos que foram transformadas em salas de aula.

Observe a obra *Escola de Matisse* e compare com a outra obra, utilizada como inspiração:

- O que o artista George Deem modificou?
- O que ele manteve?
- O que faz a cena de George Deem parecer uma sala de aula?
- Que tipo de aula poderia ser dada nessa sala?

MUSEU DE ARTE MODERNA DE NOVA YORK (EUA)

O estúdio vermelho (1911) – Henri Matisse – Óleo sobre tela (191 X 219 cm) .

COLEÇÃO PARTICULAR

Escola de Matisse (1988) – George Deem – Óleo sobre tela (46 X 54 cm).

ATIVIDADE SALA DE AULA DO FUTURO

Desenhe, nesta página, uma sala de aula do futuro.

Represente os alunos vestidos com uniformes também do futuro.

O MOBILIÁRIO

Numa escola, existem móveis e objetos que não costumam ser encontrados em outros lugares. Por exemplo, lousas, carteiras e mesa do professor.

Muitas vezes, o mobiliário da escola, infelizmente, é alvo de desrespeito dos alunos, que, em vez de cuidar do espaço de estudo, estragam e rabiscam sua carteira.

A carteira escolar é importante para que o aluno tenha boas condições para realizar seus estudos de forma organizada.

Em 2011, a ONG Kids of Kathmandu pediu a 11 profissionais para criarem carteiras escolares exclusivas. Artistas, arquitetos, marceneiros e *designers* fizeram sua versão desse móvel. Alguns se basearam em obras de artistas, como no caso da carteira ao lado, inspirada na obra do pintor Mondrian. Todas foram leiloadas para arrecadar fundos e ajudar na educação de crianças órfãs de Kathmandu, no Nepal.

ANDREW RUMPLER/9 STORIES

Carteira, por Andrew Rumpler – 9 stories.

STUDIO CAMBUIM/JAMI SANDERS

Carteira, por Mark Righter – Cambium Studio.

WADALY DESIGN/BUILD

Carteira, por Alejandro Cabrera e James Cohen – Wadaly Design.

ATIVIDADE CARTEIRA ESCOLAR

Se fosse possível, que modificações você faria em sua carteira escolar?

Use a imagem ao lado como base para mostrar seu projeto de carteira escolar. Você pode pintar com várias cores, desenhar outros detalhes e ainda colar alguns acessórios.

FERNANDO FAVORETTO/CRIAR IMAGEM

A LOUSA

A lousa é um dos elementos que compõem o ambiente da sala de aula. É uma superfície na qual podemos escrever ou desenhar várias vezes, porque tudo o que é registrado nela pode ser apagado.

A lousa também pode ser chamada de quadro-negro, pois, no passado, era feita de placa de ardósia – uma pedra escura que, com o tempo, foi substituída por placa de madeira pintada de verde. O verde foi escolhido porque as cores dos gizes ficam mais destacadas e porque o verde é mais confortável para os olhos.

Atualmente, muitas lousas são quadros-brancos, e os gizes (que produzem muito pó) foram substituídos por canetas especiais.

Observe, nesta outra releitura de George Deem, a lousa no centro da composição.

Escola de Mantegna (1985) – George Deem – Óleo sobre tela (86,4 X 127 cm).

ATIVIDADE LOUSA

Utilize esta lousa como base e crie uma sala de aula diferente, sobrepondo desenhos e colagens de imagens. Pode ser, como nas obras de George Deem, uma sala de aula inspirada na obra de algum artista que você conhece.

STOCKXPERT/IMAGE PLUS

ESCOLAS RURAIS

Nem todas as escolas do mundo ocupam prédios grandes e bem equipados.

Na região amazônica, por exemplo, existem lugares onde as escolas são pequenas salas de madeira montadas sobre palafitas.

Na 27ª Bienal de Arte de São Paulo, a artista eslovena Marjetica Potrc montou uma réplica de uma escola rural, inspirada nas construções que viu durante uma temporada que passou no Acre.

Para garantir o estudo das crianças das áreas rurais, ambientes são transformados em salas adaptadas, e até embarcações podem funcionar como escolas para vencer as distâncias das moradias.

Um outro exemplo é uma escola rural de Araraquara (SP) que ousou utilizar outros ambientes como sala de aula. As plantações passaram a ser laboratórios de estudo, contribuindo para que os alunos valorizassem mais os saberes do campo.

GLAIR ARRUDA

SEPLANDS E PRODEEM, ACRE, BRASIL. CORTESIA DA ARTISTA E MAX PROTETCH GALLERY, NY

Xapuri: Escola rural (2006) – Marjetica Potrc – Instalação com materiais de construção, energia e infraestrutura de comunicação "Como Viver Junto", na 27ª Bienal de Arte de São Paulo.

ROGÉRIO ALBUQUERQUE

Alunos do 2º ano da E.M.E.F. do Campo Professor Hermínio Pagotto, em Araraquara-SP, na agrovila do assentamento Bela Vista do Chibarro, pesquisando sobre a produção de milho.

BLOQUINHO DE ANOTAÇÃO

Anote ao lado o nome das escolas que existem em seu bairro (municipais, estaduais ou particulares).

Anote também qual é o tipo de sua escola e as coisas que você gostaria de aprender nela.

GLAIR ARRUDA

LABORATÓRIO DA ARTE

Uma planta baixa é um desenho de uma construção feito a partir da visão de cima para baixo, sem teto ou cobertura.

As paredes da construção são indicadas como linhas mais grossas, e as portas e janelas ficam onde essas linhas são interrompidas.

Nas plantas baixas, podem aparecer informações como o nome e o tamanho de cada cômodo e uma possibilidade de colocação dos móveis e objetos.

Qual dessas plantas baixas você acha que é de uma escola?

Em jornais e revistas, é comum encontrar anúncios de apartamentos e casas com plantas baixas (visão superior).

Selecione e recorte algumas imagens desse tipo e observe como são representados os objetos e os móveis desse ponto de vista.

Agora, desenhe, em uma folha à parte, os móveis de sua escola e de sua casa na visão superior.

ILUSTRAÇÕES: GLAIR ARRUDA

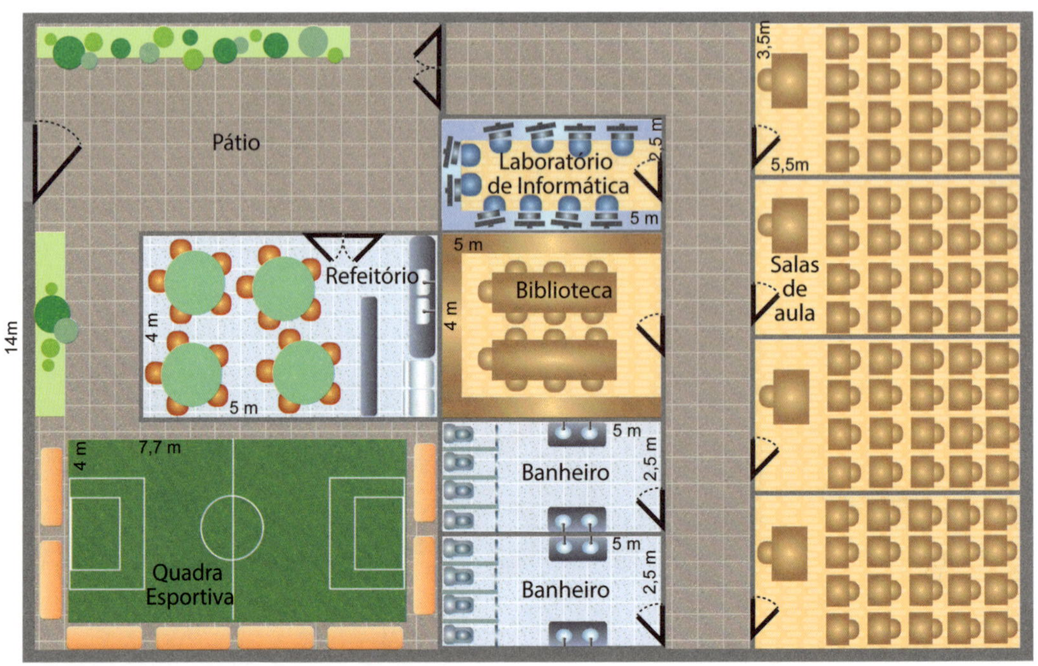

ATIVIDADE A ESCOLA DOS SONHOS

Desenhe na página 99, no final do livro, a planta baixa, ou seja, o mapa, de uma escola de música, arte, esporte ou de outra atividade que você goste de fazer.

Aproveite a estrutura da malha quadriculada para calcular o tamanho dos ambientes e orientar o traçado das retas. Faça os detalhes como móveis, portas e janelas.

Utilize os desenhos que você quiser desta página para incrementar seu trabalho. Depois, invente um nome para a escola que você criou.

ILUSTRAÇÕES: GLAIR ARRUDA

BAÚ DE CURIOSIDADES

Existem escolas especializadas em vários setores:

- escola de arte;
- escola de música;
- escola de paraquedismo;
- escola de informática;
- escola de dança;
- escola de circo;
- e muitas outras.

GLAIR ARRUDA

LEANDRO ROBLES

Escola de animais (2007) – Leandro Robles – Tira de história em quadrinhos.

PRAZER EM CONHECER

Nesta página, você conhecerá um pouco mais sobre dois dos artistas estudados neste tema.

George Deem

(Estados Unidos, 1932 – Estados Unidos, 2008)

Artista especializado em reproduzir e fazer releituras das obras de grandes mestres da pintura, George Deem criou vários trabalhos com o tema sala de aula.

PETER ANGELO SIMON

COLLECTION MR. AND MRS. GEORGE SARNER, STAMFORD, CONNECTICUT

Escola do pensamento (1985) – George Deem – Óleo sobre tela (88,9 X 99,1 cm).

MARJETICA POTRC COLLECTION OF MUSAC, MUSEO DE ARTE CONTEMPORANEO CASTILLA Y LEON, VALLADOLID, SPAIN

MARJETICA POTRC COLLECTION OF MUSAC, MUSEO DE ARTE CONTEMPORANEO CASTILLA Y LEON, VALLADOLID, SPAIN

Caracas: casa com território estendido (2003) – Marjetica Potrc.

REPRODUÇÃO

Marjetica Potrc

(Eslovênia, 1953)

Essa arquiteta e artista é bastante preocupada com questões que envolvem o desenvolvimento urbano e suas consequências no modo de vida das pessoas.

Suas obras são propostas de construções alternativas e já foram expostas em vários lugares do mundo.

TEMA 3 GRANDES CONSTRUÇÕES

Além de casas e escolas, os seres humanos constroem várias edificações. Algumas são monumentais e podem abrigar milhares de pessoas ao mesmo tempo.

Neste tema, vamos conhecer algumas dessas grandes construções e suas funções.

As torres são construções muito altas que podem ser encontradas em várias partes do mundo.

Em 2012, foi inaugurada a Tokyo Sky Tree, no Japão. Ela mede 633,9 metros e é considerada a maior torre do mundo.

GLAIR ARRUDA

THINKSTOCK/GETTY IMAGES

Tokyo Sky Tree, em Tóquio, Japão – Inauguração em 2012.

GLAIR ARRUDA

KUNSTHISTORISCHES MUSEUM, VIENA, AUSTRIA

Torre de Babel (1563) – Pieter Brueghel.

MÁQUINA DO TEMPO

Os seres humanos são capazes de realizar construções usando uma grande variedade de materiais.

Na Jordânia, por exemplo, existe um lugar chamado Petra, onde há uma série de construções esculpidas diretamente na pedra.

Construída por volta do século VI a.C., Petra permaneceu esquecida até o início do século XIX, quando foi redescoberta.

Atualmente, ela é considerada uma das Sete Maravilhas do Mundo Moderno.

Câmara do Tesouro, em Petra, Jordânia.

ATIVIDADE AS SETE MARAVILHAS DO MUNDO MODERNO

Faça uma pesquisa sobre uma das Sete Maravilhas do Mundo Moderno.

Anote abaixo as informações obtidas. Depois, desenhe a construção escolhida no espaço ao lado.

Você pode usar lápis de cor ou giz de cera para colorir seu desenho.

Nome:

____

Localização:

____

____

Informações:

____

____

____

____

____

____

____

____

____

BAÚ DE CURIOSIDADES

Os hotéis são lugares construídos especialmente para hospedar viajantes. Por isso, em geral, têm muitos quartos.

Além dos quartos, alguns hotéis possuem muitas áreas comuns, como restaurante, danceteria, sala de jogos e quadra esportiva.

Existem hotéis inusitados tanto pelos tipos de materiais com que são feitos quanto pelos lugares em que se localizam. Há hotéis feitos de gelo, de sal, de materiais reaproveitados de antigas embarcações. Há hotéis dentro de aviões, no deserto e até na copa de árvores.

Quando for construído, o Water Discus Hotel entrará para o time dos hotéis inusitados. Isso porque seu projeto prevê que uma de suas partes ficará submersa no mar, a 10 metros de profundidade. Além disso, as paredes dos quartos serão transparentes, permitindo que o hóspede aprecie o fundo do mar sem se molhar.

GLAIR ARRUDA

Projeto do Water Discus Hotel (2011), em Dubai.

Projeto de quarto do Water Discus Hotel (2011), em Dubai.

OLHO-VIVO

Para facilitar o acesso a lojas, espaços de lazer e convívio social, atualmente os arquitetos projetam grandes construções com muitas lojas, restaurantes e cinemas, formando verdadeiros centros comerciais: os *shoppings*.

Veja, nesta página, o prédio criado por Ruy Ohtake para um *shopping* de Brasília. Além das lojas, o prédio possui um centro empresarial com vários escritórios.

Observe a fachada do prédio e depois troque ideias com seus colegas:

- Onde você imagina que é a entrada desse prédio?
- Que materiais foram utilizados em sua construção?
- O que o torna tão diferente da maioria dos outros prédios?

GLAIR ARRUDA

RUY OHTAKE ARQUITETURA E URBANISMO

Centro Empresarial Brasília Shopping, em Brasília-DF – Projeto de Ruy Ohtake (1991).

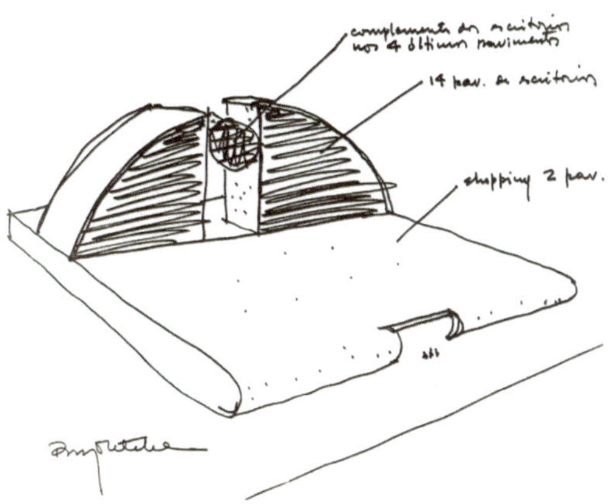

RUY OHTAKE. BRASÍLIA SHOPPING AND TOWERS, 1991

DESENHOS DE NANQUIM

Muitos artistas utilizam nanquim para desenhar seus esboços de projetos arquitetônicos ou croquis. O nanquim (ou tinta da China) é originalmente uma tinta preta concentrada que se espalha muito bem sobre o papel, mas, hoje em dia, também é encontrado o nanquim colorido. O material pode ser utilizado com pincel, bico de pena ou canetas apropriadas.

Crie na página 101, no final do livro, um projeto para uma construção. Pode ser um prédio comercial, um museu, um hotel ou qualquer outra construção grande. Utilize nanquim e bico de pena.

© PAULO FRIDMAN/CORBIS/LATINSTOCK

Ruy Ohtake desenhando com caneta nanquim (2006).

CENTRAL TELEFÔNICA DE IBIÚNA, SÃO PAULO, 1974

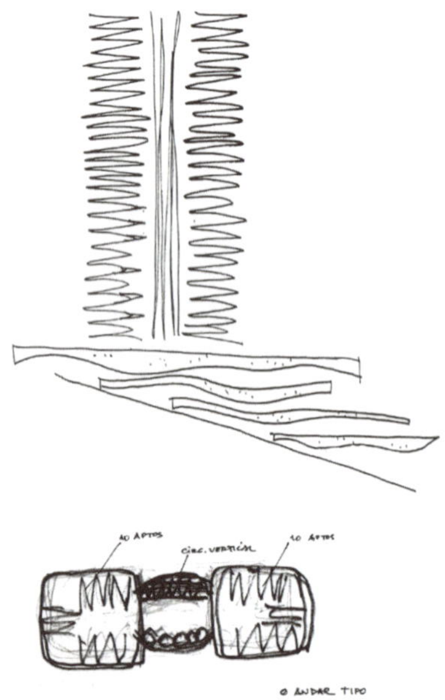

HOTEL RENAISSANCE, 1986

COMPLEXO OHTAKE CULTURAL, 1995

Croquis de Ruy Ohtake.

Dicas

- Primeiro, faça o esboço com lápis grafite.
- Coloque um papelão sob esta folha para evitar manchar as outras.
- Molhe apenas a ponta do bico de pena na tinta e segure-o no meio do cabo para não sujar os dedos.
- Deslize delicadamente o bico de pena para conseguir traços finos.
- Faça traçados mais demorados para engrossar a linha.
- Espere secar o nanquim e, com uma borracha, apague delicadamente o grafite.
- A tinta nanquim mancha facilmente. Trabalhe com bastante atenção.

FABIO R. MARTINS

MAQUETES

As maquetes são cópias em miniatura das edificações. Elas podem ser feitas antes da construção, como parte do planejamento, ou depois, representando as edificações reais.

Existem maquetes de muitos materiais. Os mais comuns são madeira, papelão, plástico e metal.

O profissional que faz maquetes é chamado de maquetista. Adhemir Fogassa é um maquetista especializado em fazer miniaturas de prédios históricos e culturais.

GLAIR ARRUDA

RELACIONE ESTAS IMAGENS COM AS SEGUINTES LEGENDAS:

1. HOTEL UNIQUE, BRASIL.
2. TORRE DE PISA, ITÁLIA.
3. PALÁCIO TAJ MAHAL, ÍNDIA.

FOTOS: ADHEMIR FOGASSA MAQUETES – www.maquetes.com.br

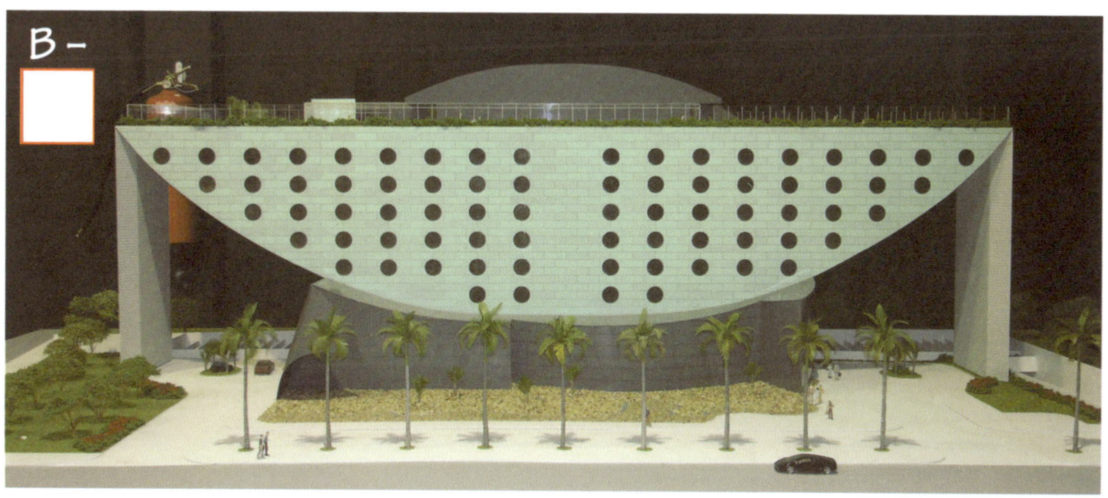

Maquetes do museu Little World, feitas por Adhemir Fogassa.

LABORATÓRIO DA ARTE

Que tal fazer como a artista inglesa Su Blackwell e produzir uma maquete utilizando folhas impressas?

Podem ser folhas velhas de revista ou de jornal.

RACHEL LI/EPN/AFP

Escultura em papel da cidade de Hong Kong (2009), feita por Su Blackwell.

Instruções

- Experimente várias ações sobre o papel: cortar, dobrar, colar, enrolar, amassar e rasgar.
- Verifique de que maneira é possível formar estruturas tridimensionais (que ocupem o espaço) com as folhas de papel.
- Junte suas estruturas com as de seus colegas, formando uma grande maquete.

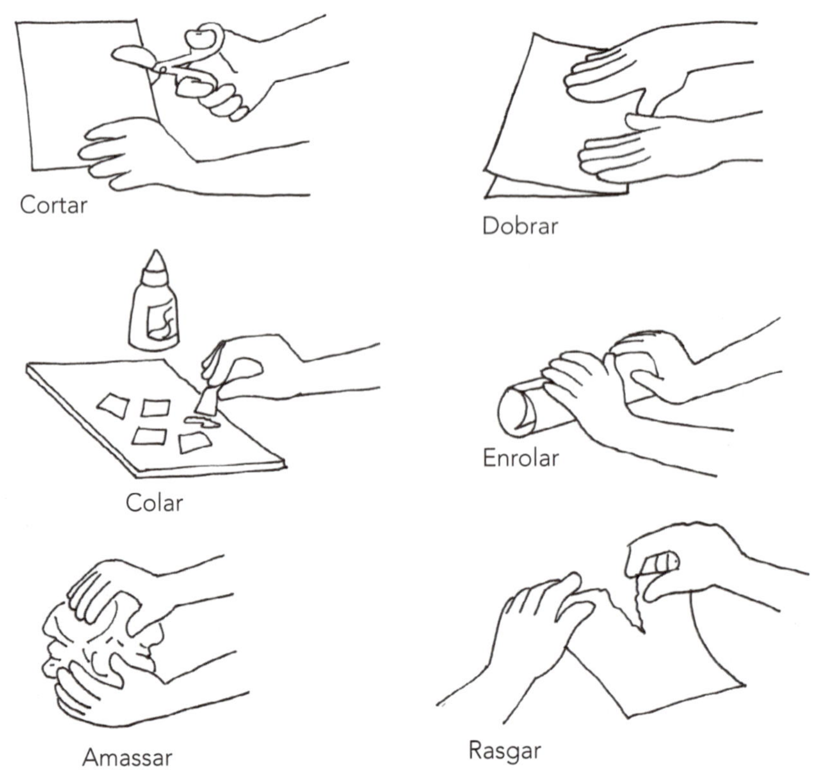

ILUSTRAÇÕES: GLAIR ARRUDA

ATIVIDADE CONSTRUÇÕES DO MUNDO TODO

Procure, em revistas e jornais, fotografias de construções que caibam nesta página. Recorte e cole-as, posicionando a base da construção sobre a linha pontilhada do final da página.

Se possível, fotografe a maquete feita na atividade anterior. Em seguida, imprima a foto, recorte-a e cole-a ao lado da composição.

CONSTRUÇÕES PARA A ARTE

Alguns prédios são especialmente desenhados para guardar e expor coleções de arte. É o caso do Masp (Museu de Arte de São Paulo), cujo projeto foi feito pela arquiteta Lina Bo Bardi.

Nessa construção, o que impressiona é o vão livre – o espaço que fica abaixo da parte suspensa do prédio. É um dos maiores vão livres da América Latina.

Outro exemplo é o Teatro Amazonas. A construção tem mais de um século e abriga a arte e suas manifestações. Essa obra é considerada o principal patrimônio cultural arquitetônico do Amazonas.

Teatro Amazonas, em Manaus-AM (2010) – Projeto do início da década de 1880 e inauguração em 1896.

Masp (Museu de Arte de São Paulo), em São Paulo-SP (2007) – Projeto de Lina Bo Bardi (década de 1950).

BRINCANDO

Recorte as figuras desta página e monte uma maquete do prédio do Masp.

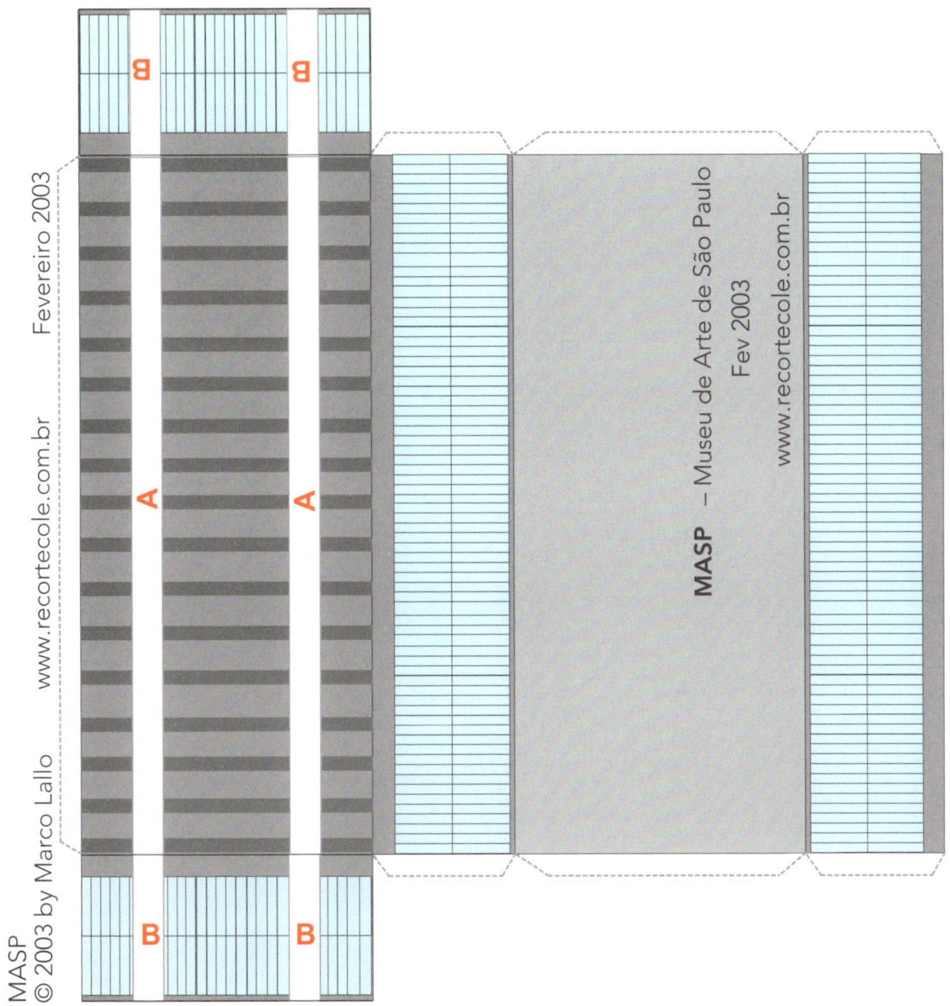

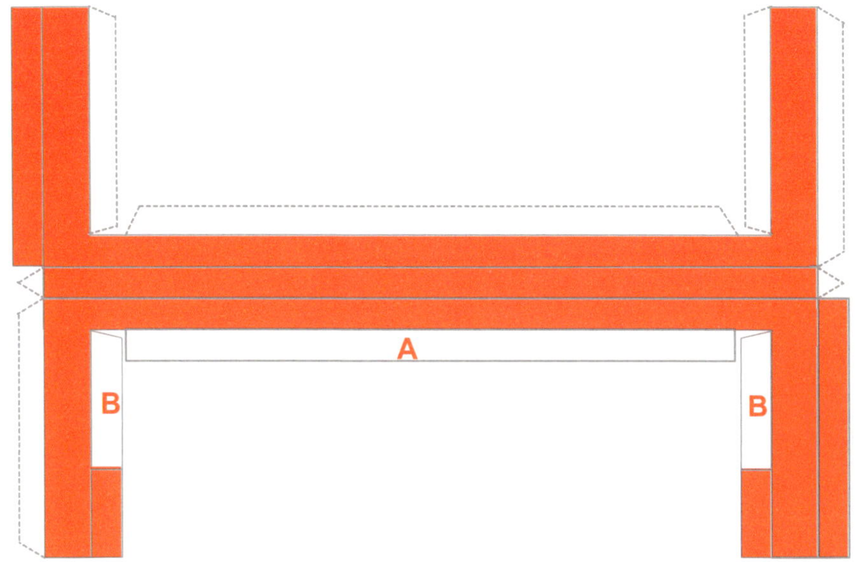

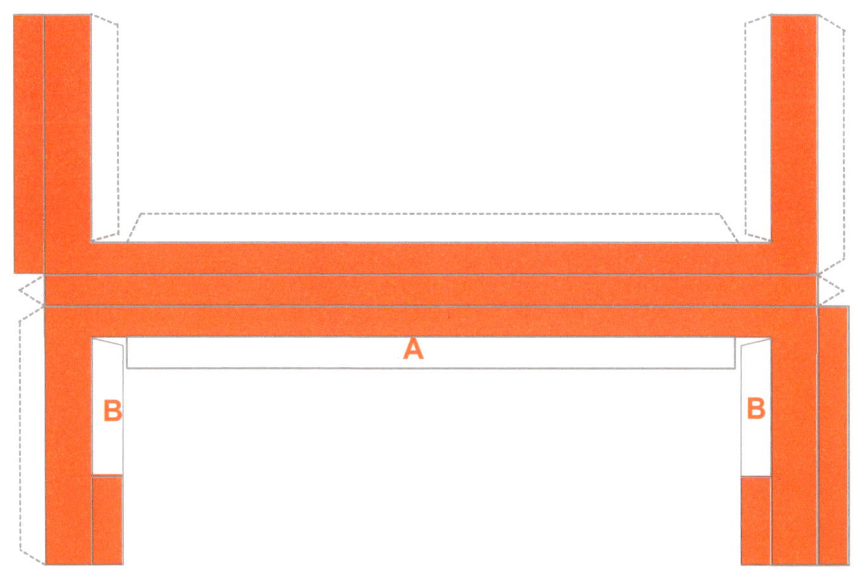

MONUMENTOS

Algumas construções não estão relacionadas ao abrigo de pessoas ou objetos de nenhuma natureza.

Os monumentos, por exemplo, são construções com função simbólica ou comemorativa e costumam homenagear alguma data, pessoa ilustre ou marcar um ponto turístico.

Crie o desenho para um monumento na página 103, no final do livro. Pinte, recorte e monte conforme as instruções da página.

STOCKXPERT/IMAGE PLUS

Estátua da Liberdade, em Nova Iorque, Estados Unidos.

LATINSTOCK

Cristo Redentor, no Rio de Janeiro, Brasil.

STOCKXPERT/IMAGE PLUS

Torre Eiffel, em Paris, França.

BLOQUINHO DE ANOTAÇÃO

O Brasil possui vários monumentos.

Faça uma pesquisa sobre um deles.

Registre ao lado o resultado de sua pesquisa e cole imagens para ilustrá-la.

GLAIR ARRUDA

PRAZER EM CONHECER

Nesta página, você conhecerá um pouco mais sobre dois dos artistas estudados neste tema.

Lina Bo Bardi

(Itália, 1914 – São Paulo-SP, 1992)

OLNEY KRUISE/AGÊNCIA ESTADO/AE

Esta arquiteta italiana naturalizada brasileira e seu marido, Pietro Maria Bardi (1900-1999), participaram ativamente da vida cultural de nosso país. Ela foi responsável pelo projeto arquitetônico do Masp e ele contribuiu para a criação do museu e a construção de seu acervo, além de ter sido diretor da instituição por 45 anos.

Na arquitetura, Lina introduziu grandes inovações estéticas.

O Sesc Fábrica Pompeia, em São Paulo, e o Museu de Arte Moderna da Bahia também são projetos arquitetônicos da artista.

Casa de Vidro, em São Paulo-SP – Projeto de Lina Bo Bardi (década de 1950).

FOTOS: NELSON KON

Hotel Unique, em São Paulo-SP – Projeto de Ruy Ohtake (1998).

ED VIGGIANI/AGÊNCIA ESTADO/AE

Ruy Ohtake

(São Paulo-SP, 1938)

Filho da artista plástica Tomie Ohtake (Japão, 1913), Ruy é arquiteto e *designer* de móveis.

O visual de suas obras arquitetônicas é bastante ousado, pois o artista dá formas inusitadas tanto à fachada quanto aos ambientes internos das grandes construções que projeta.

PAISAGENS

No primeiro bloco, falamos sobretudo de ambientes fechados e agora vamos estudar apenas os ambientes abertos, pois, além dos espaços fechados das construções, podemos pensar o ambiente de maneira mais ampla, analisando esses espaços abertos.

Mas antes disso, precisamos compreender melhor o que vem a ser uma paisagem.

Paisagem é quando num olhar conseguimos perceber elementos de um território.

É comum relacionarmos a ideia de paisagem a ambientes e elementos da natureza, porém a visão de uma cidade também pode ser uma paisagem. Dessa maneira, uma paisagem pode ter prédios, casas, ruas, pontes, assim como rios, lagos, árvores, matas, montanhas, cachoeiras etc.

Nos próximos temas, vamos estudar paisagens naturais e paisagens que sofreram algum tipo de modificação humana.

GLAIR ARRUDA

REUTERS/LATINSTOCK

Paisagem (2012) – Vik Muniz – Instalação coletiva na Rio+20.

ALEXANDRE MACIEIRA/RIO GUIA OFICIAL/RIOTUR

Imagem aproximada da obra *Paisagem* (2012) – Vik Muniz.

TEMA 4 PAISAGENS NATURAIS

A natureza possui paisagens impressionantes. Por todo o mundo podemos encontrar:

- diferentes tipos de relevo, ora com conjuntos de montanhas ora com longas planícies;
- diferentes vegetações, com florestas densas ou plantas rasteiras;
- diferentes recursos hídricos (rios, lagos, mares e oceanos);
- o pôr e o nascer do sol, o arco-íris e outros fenômenos naturais que não dependem da intervenção do ser humano.

Outro fator que contribui para a beleza das paisagens naturais é a luminosidade, que depende da hora do dia, da estação do ano e do lugar.

GLAIR ARRUDA

COLEÇÃO PARTICULAR

Flint Castle (1838) – Willian Turner – Aquarela sobre papel.

COLEÇÃO PARTICULAR

Arco-íris (s/d) – Willian Turner – Aquarela sobre papel.

OLHO-VIVO

GLAIR ARRUDA

Não é por acaso que muitas pessoas não se cansam de admirar a natureza e que muitos pintores gostam de retratá-la.

Observe as pinturas de Friedrich, reproduzidas nesta página. Depois, converse com seus colegas sobre as seguintes questões:

- O que elas têm em comum?
- Em que elas são diferentes?
- Se essas paisagens fossem reais e você pudesse conhecê-las, qual das duas escolheria? Por quê?

MUSEUM FOLKWANG, ESSEN

Mulher diante da aurora (1818) – Caspar David Friedrich – Óleo sobre tela (22 X 30 cm).

HAMBURGER KUNSTHALLE, HAMBURGO

Viajante sobre o mar de névoa (1818) – Caspar David Friedrich – Óleo sobre tela (98,4 X 74,8 cm).

ATIVIDADE UMA PAISAGEM INESQUECÍVEL

Desenhe, no espaço abaixo, uma paisagem natural que tenha marcado sua vida.

Pode ser um lugar que conheceu em uma viagem, assim como uma paisagem que tenha visto em livro, filme, cinema ou televisão.

Utilize lápis de cor, caneta hidrográfica e giz de cera para dar cor à sua paisagem.

MÁQUINA DO TEMPO

Quando o conde João Maurício de Nassau chegou ao Brasil na condição de Governador do Brasil Holandês, trouxe consigo uma equipe de médicos, pintores, cartógrafos, arquitetos e poetas.

A missão desses cientistas e artistas era registrar com detalhes as características da paisagem, ou seja, da flora e da fauna brasileiras.

Um desses artistas, Frans Post, realizou inúmeras pinturas de paisagens brasileiras. Seus quadros são verdadeiros documentos históricos dessa época.

GLAIR ARRUDA

MUSEU DO LOUVRE, PARIS

Rio São Francisco (1639) – Frans Post – Óleo sobre tela (62 X 95 cm).

MUSEU DE ARTE DE SÃO PAULO ASSIS CHATEAUBRIAND, MASP, SP

Cachoeira de Paulo Afonso (1647) – Frans Post – Óleo sobre madeira (58,5 X 46 cm).

ESCULTURAS NATURAIS

A natureza também é capaz de esculpir formas inusitadas nas pedras e nas montanhas. Suas ferramentas são fenômenos como os ventos e as chuvas.

Observe as fotografias desta página e tente visualizar as imagens que se formaram nessas paisagens devido à ação desses elementos naturais ao longo do tempo.

Comente com seus colegas:

- Você conhece outras paisagens formadas dessa maneira? Quais?

  ____

  ____

  ____

  ____

P. N. CANAINA/OPÇÃO BRASIL

Pedra na forma de tartaruga, em Monte Roraima, na fronteira do Brasil com a Venezuela e a Guiana.

GLAIR ARRUDA

FABIO COLOMBINI/2001

Gruta do Maquiné, com formato de carneiro, em Cordisburgo-MG.

ATIVIDADE DESENHO CONTINUADO

Continue o desenho desta formação rochosa, criando uma figura a seu gosto.

BEATE MUENTER/OTHER IMAGES

Arenito *The Waves*, no Arizona, Estados Unidos.

BAÚ DE CURIOSIDADES

O artista Olafur Eliasson simula cachoeiras em grandes centros urbanos. Ele utiliza andaimes, tubulações e bombas d'água para construir cachoeiras artificiais. O objetivo do artista é fazer com que as pessoas percebam o cenário urbano esquecido pela rotina agitada.

Quem chega perto das cachoeiras e fecha os olhos pode ouvir o som da água caindo e até sentir a umidade no ar.

Em 2011, Olafur montou uma pequena cachoeira em São Paulo, sobre o curso de um córrego canalizado.

COURTESY OF THE ARTIST; NEUGERRIEMSCHNEIDER, BERLIN; AND TANYA BONAKDAR GALLERY, NEW YORK © 1998 OLAFUR ELIASSON

Waterfalls (2011) – Olafur Eliasson – Instalação no Sesc Pompeia, São Paulo-SP.

CHRISTOPHER BURKE/COURTESY OF PUBLIC ART FUND © 2008 OLAFUR ELIASSON

The New York City Waterfalls (2008) – Olafur Eliasson – Instalação em Nova York, Estados Unidos.

LABORATÓRIO DA ARTE

Você reparou como algumas das paisagens apresentadas anteriormente nos dão a sensação de calor e outras, a sensação de frio?

Isso acontece devido às cores utilizadas pelos artistas para compor as imagens.

Podemos classificar as cores em:

- cores quentes – que abrangem diferentes tonalidades de amarelo, vermelho e laranja;
- cores frias – que incluem violeta, azul e verde.

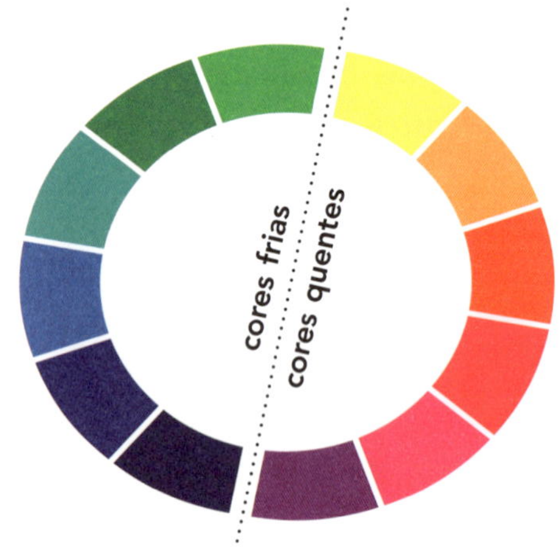

Para fazer uma paleta de cores, pinte os quadrados abaixo com diferentes tons de cores quentes e cores frias. Utilize lápis de cor, caneta hidrográfica e giz de cera para conseguir vários tons diferentes.

Paleta de cores quentes

Paleta de cores frias

Escolha, entre cores quentes ou frias, as de sua preferência.
Procure imagens em revistas e jornais nas cores escolhidas.
Cole as imagens sobre a página 105, no final do livro, formando uma composição quente ou fria.

ATIVIDADE FRIO OU QUENTE?

Desenhe uma paisagem natural ocupando todo o espaço abaixo.

Pinte uma parte dela com cores quentes e a outra parte com cores frias. Utilize tinta ou lápis de cor aquarelável para pintar seu trabalho.

Título: ______________________________

Aluno: ____________________ Nº: ________ Ano: ________

BLOQUINHO DE ANOTAÇÃO

Procure uma pintura que represente uma paisagem. Anote o nome da obra, o nome do artista e, se possível, a data da obra.

Descreva a paisagem que você observa na imagem, comentando sobre os elementos presentes e sobre a presença de cores quentes ou frias.

GLAIR ARRUDA

LAND ART OU ARTE AMBIENTAL

A *Land Art* ou Arte Ambiental é uma arte que se integra à paisagem natural.

Surgida na década de 1960, ela representa o desejo de alguns artistas de unir a arte à vida, retirando-a de espaços protegidos como museus e galerias.

Dois exemplos de artistas representantes da *Land Art* são Robert Smithson e Richard Long.

Robert Smithson construiu uma espiral com cascalho em um lago nos Estados Unidos.

Richard Long fez caminhos reorganizando pedras e colocando-as uma do lado da outra.

GLAIR ARRUDA

GIANFRANCO, GORGONI/COLORIFIC

Spiral Jetty (1970) – Robert Smithson – Instalação em Utah, Estados Unidos.

RICHARD LONG

Sahara Line (1988) – Richard Long.

ATIVIDADE ARTE AMBIENTAL

Selecione, em revistas ou jornais, a imagem de uma paisagem natural e cole-a nesta página.

Coloque uma folha de papel vegetal sobre a imagem escolhida, fixando apenas uma das laterais do papel com fita adesiva.

Use lápis de cor para fazer uma intervenção artística na paisagem, traçando um desenho sobre o papel vegetal.

Ao criar sua intervenção, faça-a de forma construtiva, sem agredir a natureza.

A INTERVENÇÃO HUMANA

Infelizmente, muitas vezes a ação do ser humano sobre a natureza é destrutiva. Um exemplo é o crescente desmatamento que ocorre na Floresta Amazônica.

Pensando em benefícios imediatos, como obtenção de bens materiais, o ser humano se esquece das consequências de seus atos em longo prazo.

Atualmente, quase não existem paisagens que não tenham sofrido algum tipo de intervenção humana.

PEDRO MARTINELLI/SAMBAPHOTO

Vista aérea de mata preservada da Floresta Amazônica.

DELFIM MARTINS/PULSAR IMAGENS

Área desmatada da Floresta Amazônica, em Xapuri, no Acre (2008).

PRAZER EM CONHECER

Nesta página, você conhecerá um pouco mais sobre dois dos artistas estudados neste tema.

Caspar David Friedrich
(Alemanha, 1774 – Alemanha, 1840)

Pintor paisagista alemão, Friedrich produzia em suas obras uma espécie de elogio à grandiosidade das paisagens naturais.

Em suas pinturas, a natureza possuía uma força impressionante, reforçada pela luminosidade representada.

GERHARD VON KÜGELGEN. *O ARTISTA CASPAR DAVID FRIEDRICH* (1806-1809), HAMBURGER KUNSTHALLE, HAMBURGO

STAATLICHE MUSEEN ZU BERLIN, BERLIM

O Watzmann (1824-1825) – Caspar David Friedrich – Óleo sobre tela (135 X 170 cm).

INSTITUTO RICARDO BRENNAND, RECIFE

Paisagem de planície (1659) – Frans Post – Óleo sobre madeira (39 X 60 cm).

Frans Post
(Holanda, 1612 – Holanda, 1680)

Foi um dos primeiros pintores europeus a retratar paisagens brasileiras.

Permaneceu oito anos no país, realizando uma série de registros. Continuou a pintar paisagens brasileiras mesmo quando voltou para sua terra natal.

FRANS HALS. *RETRATO DE FRANS POST* (1655), WORCESTER ART MUSEUM, MA

PAISAGENS RURAIS E URBANAS

Muitas paisagens apresentam construções e outras intervenções humanas.

Essas paisagens são classificadas em:

- rurais – territórios destinados à atividade agrícola ou pecuária;
- urbanas – regiões com grande concentração de prédios, casas e moradores.

A preservação do ambiente deve ser uma preocupação das pessoas que vivem tanto na zona rural como na urbana. Assim, o ser humano deve procurar a melhor maneira de conviver com seu ambiente.

O fotógrafo italiano Franco Fontana, por exemplo, convive com o ambiente capturando imagens de paisagens rurais e urbanas. Suas fotografias com traços e cores marcantes parecem composições abstratas.

COLEÇÃO PARTICULAR

Fotografia feita em Los Angeles, Estados Unidos (1991), por Franco Fontana.

COLEÇÃO PARTICULAR

Fotografia feita em Puglia, Itália (1995), por Franco Fontana.

ATIVIDADE DEFENSORES DO MEIO AMBIENTE

Mostre que você é um defensor do meio ambiente!

No primeiro espaço, faça um desenho que mostre uma atitude negativa em relação ao meio ambiente.

No segundo, desenhe um modo de preservar esse mesmo local, defendendo-o de possíveis ameaças.

Atitude negativa	Atitude positiva

OLHO-VIVO

Classifique as paisagens desta página em rurais ou urbanas.

Observe como cada artista tem seu estilo de representar a paisagem.

COLEÇÃO PARTICULAR

Vista noturna com raios (2001) – Gregório Gruber – Aquarela sobre tela (100 X 140 cm).

COLEÇÃO PARTICULAR

Via Veneto (1996) – Sônia Menna Barreto – Óleo sobre linho (27 X 35 cm).

GALERIA JACQUES ARDIES

Colheita de caju (1997) – Lucia Buccini – Óleo sobre tela (50 X 60 cm).

COLEÇÃO PARTICULAR

Cortando cana (2012) – Marcelo Cunha – Óleo sobre tela.

BLOQUINHO DE ANOTAÇÃO

Reflita sobre as obras da página anterior e anote as diferenças entre o rural e o urbano.

Troque ideias com seus colegas sobre qual das obras mais lhe agradou.

ILUSTRAÇÕES: GLAIR ARRUDA

PAISAGEM RURAL

Numa paisagem rural, apesar de existirem muitas plantas em comparação com o número de construções, podemos perceber a intervenção humana no ambiente.

A maioria das plantas que existe nesse tipo de paisagem não nasceu espontaneamente. São plantações cultivadas por seres humanos.

Aponte outros elementos colocados pelo ser humano nas obras desta página.

Paisagem com espantalho (1940) – Francisco Rebolo Gonsales – Óleo sobre tela (40 X 50,3 cm).

Arredores de São Paulo (1938) – Francisco Rebolo Gonsales – Óleo sobre madeira (42,3 X 32,5 cm).

Paisagem (1942) – Francisco Rebolo Gonsales – Óleo sobre tela (40 X 49,7 cm).

IDENTIFICANDO OBRAS

Observe as obras das páginas 72 e 74 e procure descobrir a qual delas pertence cada detalhe reproduzido e ampliado nesta página.

Escreva o nome da obra abaixo de cada imagem.

MUSEU DE ARTE CONTEMPORÂNEA DA USP, SÃO PAULO – SP

COLEÇÃO PARTICULAR

MUSEU DE ARTE CONTEMPORÂNEA DA USP, SÃO PAULO – SP

GALERIA JACQUES ARDIES

COLEÇÃO PARTICULAR

COLEÇÃO PARTICULAR

MUSEU DE ARTE CONTEMPORÂNEA DA USP, SÃO PAULO – SP

PAISAGEM URBANA

A paisagem urbana das grandes cidades é caracterizada pela agitação, pelo excesso de barulho, pela enorme quantidade de construções (residenciais, comerciais, industriais, de lazer etc.) e pelo grande número de carros e pessoas que transitam nas ruas.

Observe como o artista Fernand Léger representou o dinamismo de uma paisagem urbana.

MUSÉE NATIONAL D'ART MODERNE, CENTRE POMPIDOU, PARIS, FRANCE/THE BRIDGEMAN ART LIBRARY/GRUPO KEYSTONE

Os discos na cidade (1920) – Fernand Léger – Óleo sobre tela (130 X 162 cm).

ATIVIDADE CIDADE RECORTADA

Selecione, em revistas e jornais, algumas imagens de cidades.

Recorte-as em vários pedaços com formas geométricas, como retângulos, quadrados, trapézios, triângulos e círculos.

Depois, junte e cole os vários pedaços, formando uma nova imagem rural ou urbana.

Título: ______________________________

Aluno: ____________________ Nº: ________ Ano: ________

MÁQUINA DO TEMPO

A paisagem costuma mudar com o passar do tempo. Isso acontece com maior frequência nos ambientes urbanos, onde novas construções substituem as antigas.

Observe estas duas fotos que retratam o mesmo lugar, mas em épocas distintas, e analise as diferenças.

GLAIR ARRUDA

AP PHOTO

Vista aérea da cidade de Xangai, China, em 1973.

© 2012 HUGOCISS /GETTY IMAGES

Vista aérea da cidade de Xangai, China, em 2012.

ATIVIDADE PAISAGEM DO FUTURO

Escolha alguma rua importante de sua cidade e observe-a.

No espaço abaixo, desenhe como você imagina que será essa mesma rua daqui a 100 anos. Não se esqueça de anotar o nome da rua e de sua cidade.

BAÚ DE CURIOSIDADES

Em uma de suas obras, o artista Joshua Callaghan transformou o cenário da cidade de Los Angeles, Califórnia, nos Estados Unidos.

Ele camuflou caixas de eletricidade e de telefone, cobrindo-as com fotografias do próprio local em tamanho real.

Para perceber essa diferença, é preciso prestar muita atenção nas imagens. Observe-as!

COLEÇÃO PARTICULAR

GLAIR ARRUDA

COLEÇÃO PARTICULAR

Caixas quase invisíveis (2008) – Joshua Callaghan – Intervenção em Los Angeles, Estados Unidos.

BRINCANDO

Veja, nesta página, como fazer um cartão representando uma cidade. Para isso, você vai utilizar a técnica de *kirigami*, dobrando e cortando papel.

Material necessário

- papel-cartão
- lápis grafite
- tesoura com pontas arredondadas
- canetas hidrográficas

Instruções

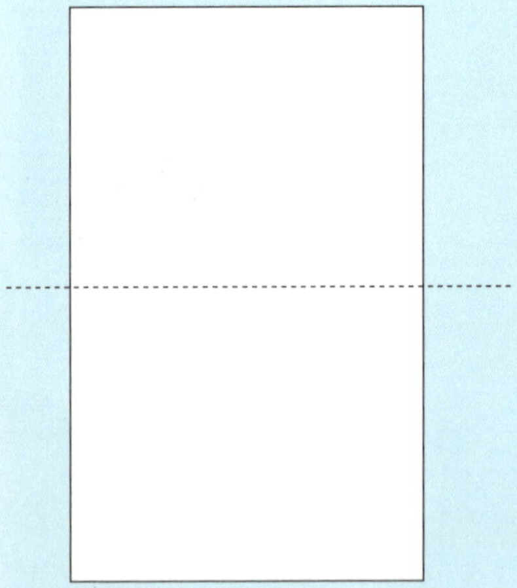

1. Dobre uma folha de papel-cartão ao meio.

2. Desenhe retas a partir da parte dobrada, sem chegar até a outra borda do papel.

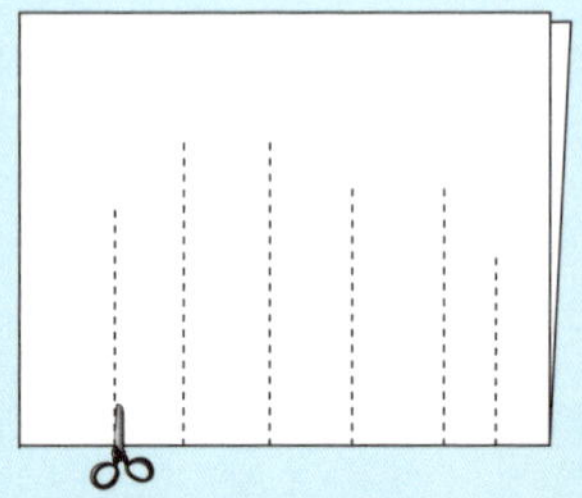

3. Recorte seguindo as retas desenhadas.

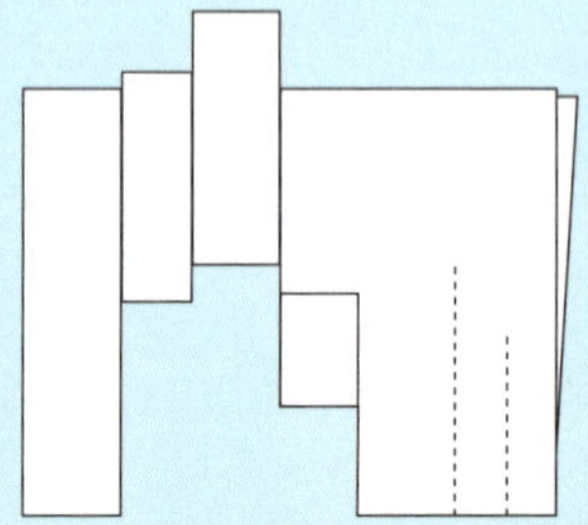

4. Dobre as tiras formadas, em alturas diferentes.

ILUSTRAÇÕES: MARCOS DORADO

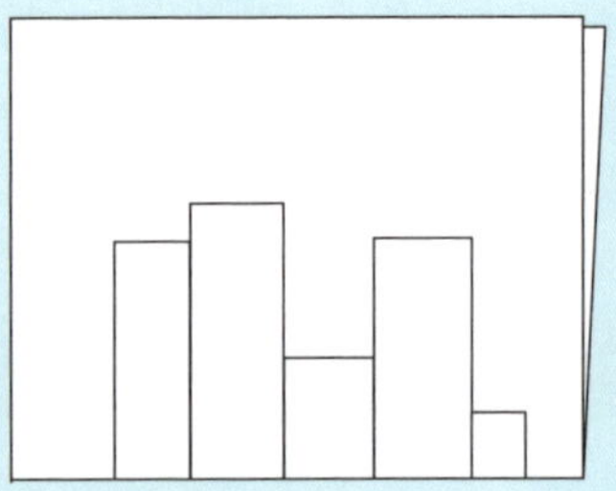

5. Desdobre essas tiras e dobre-as para o outro lado para marcar bem.

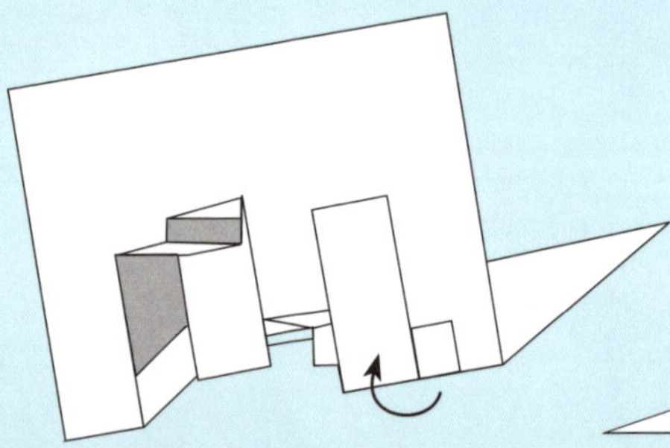

6. Abra o papel e empurre as tiras para dentro.

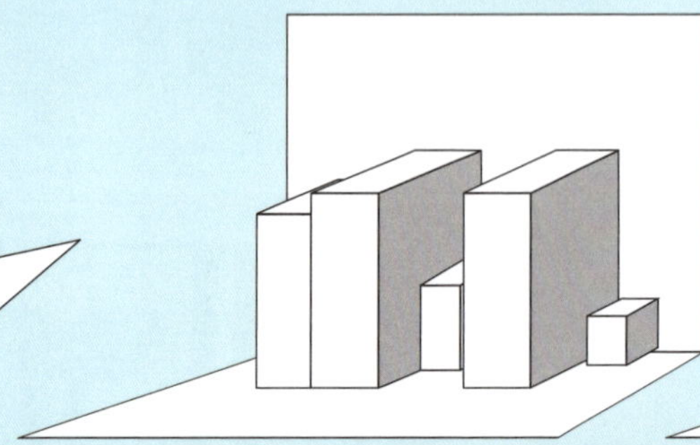

7. O cartão aberto fica como na figura, com tiras saltadas para frente.

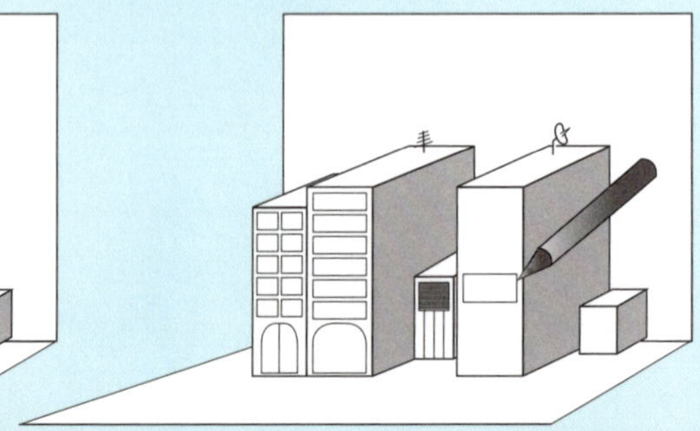

8. Desenhe cuidadosamente com as canetas hidrográficas os detalhes que desejar nos prédios.

PAISAGEM NOTURNA

Apesar de ser mais comum vermos pinturas retratando paisagens durante o dia, também existem artistas que se interessam em representá-las à noite.

A ausência da luz solar e a presença da iluminação artificial mudam totalmente os ambientes.

Veja como o pintor brasileiro Antonio Bandeira representou cenas noturnas nas imagens desta página.

COLEÇÃO PARTICULAR

Noturno (1962) – Antonio Bandeira – Óleo sobre tela (50 X 61 cm).

PALÁCIO ITAMARATY, BRASÍLIA

Cidade (1960) – Antonio Bandeira – Óleo sobre tela (81 X 100 cm).

LABORATÓRIO DA ARTE

Vamos aprender uma técnica de pintura para fazer paisagens noturnas.

Material necessário

- giz de cera colorido
- tinta nanquim preta
- palito de dente, tampa de caneta ou outro objeto pontudo
- jornal
- avental

Utilize a página 107, no final do livro, para realizar esta atividade.

Instruções

1. Antes de começar, forre a mesa com jornal e vista seu avental.

2. Cubra totalmente o papel com giz de cera, fazendo faixas de cores diferentes. Você deve pressionar bastante o giz sobre o papel para o colorido ficar bem forte.

FOTOS: FABIO R. MARTINS

3. Pinte com tinta nanquim preta sobre as faixas coloridas. Depois, deixe secar bem.

4. Use palito ou tampa de caneta e risque sobre o papel para desenhar uma paisagem noturna.

PRAZER EM CONHECER

Nesta página, você conhecerá um pouco mais sobre dois dos artistas estudados neste tema.

Francisco Rebolo Gonsales
(São Paulo-SP, 1902 –
São Paulo-SP, 1980)

Jogador de futebol na juventude, mais tarde tornou-se um reconhecido paisagista brasileiro.

Em algumas de suas pinturas é possível ver como era a paisagem da cidade de São Paulo (SP) antigamente.

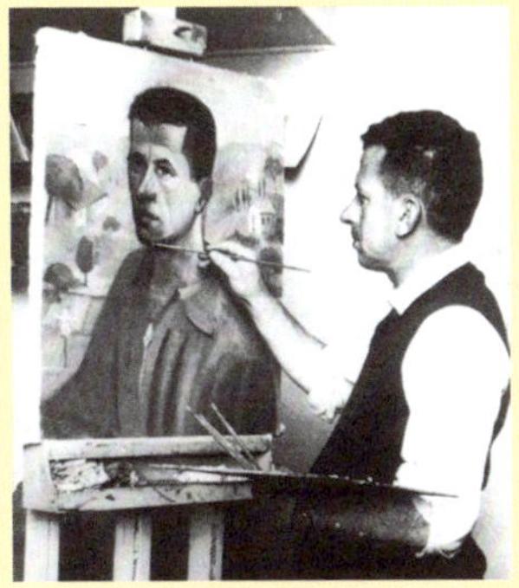

AUTOR NÃO IDENTIFICADO

COLEÇÃO PARTICULAR

Paisagem com porteira (1980) – Francisco Rebolo Gonsales – Óleo sobre tela (64 X 85 cm).

THE PHILADELPHIA MUSEUM OF ART, EUA

A cidade (1919) – Fernand Léger – Óleo sobre tela (231,1 X 298,4 cm).

ALBUM / AKG-IMAGES / WALTER LIMOT/
AKG-IMAGES/LATINSTOCK

Fernand Léger
(França, 1881 – França, 1955)

Pintor participante do Movimento Cubista, pintava paisagens utilizando formas geométricas.

Foi professor de arte de muitos artistas brasileiros, inclusive de Tarsila do Amaral.

AMBIENTES NO MUNDO

UMA IMAGEM PARA MUITAS IDEIAS

Se a ideia é viajar pelo mundo da arte para conhecer outros lugares, esta obra do artista chinês Ai Weiwei é um ótimo ponto de partida.

Observe, com atenção, a imagem e responda oralmente:

- Que material o artista utilizou nesta obra?
- Você faz ideia de quanto material ele usou?
- Qual a impressão que a obra causa?
- Para que lugar sua imaginação pode levar você quando observa essa imagem?

REUTERS/LATINSTOCK

Bicicletas para sempre (2011) – Ai Weiwei – Instalação em Taipei, China.

A VOLTA AO MUNDO EM OITENTA DIAS

No livro *A volta ao mundo em oitenta dias*, o escritor francês Júlio Verne conta a história de Phileas Fogg, um homem que aposta com amigos ser capaz de dar a volta ao mundo em oitenta dias.

Acompanhado por seu empregado, Passepartout, ele parte para uma viagem cheia de aventuras, passando por vários lugares do mundo.

O livro, escrito em 1873, foi traduzido para várias línguas, inspirou muitas pessoas a tentarem a façanha e foi transformado em filmes.

Leia, a seguir, um trecho da obra.

Teria viajado? Era provável, porque ninguém conhecia melhor do que ele o mapa terrestre. Não havia lugar, por afastado que fosse, de que não parecesse ter conhecimento especial. Às vezes, mas em poucas palavras, breves e claras, corrigia os mil boatos que circulavam no club a propósito de viajantes perdidos ou extraviados; indicava as verdadeiras probabilidades, e suas palavras muitas vezes acharam-se como que inspiradas por uma espécie de dom profético, uma vez que o que acontecia acabava sempre por as justificar. Era um homem que devia ter viajado por toda a parte – pelo menos em espírito.

Júlio Verne. *A volta ao mundo em oitenta dias*.
Disponível em: <http://www.ebooksbrasil.org/eLibris/voltamundo.html>.
Acesso em: 15 nov. 2012.

EU VOU DE BICICLETA

GLAIR ARRUDA

A história criada por Júlio Verne inspirou muitas pessoas a realizarem a façanha de dar a volta ao mundo. Os mais variados tipos de transporte foram usados nas tentativas: balões, aviões, barcos e até bicicletas.

Nas grandes cidades, está cada vez mais difícil ir de um lugar a outro. Isso ocorre porque a população está cada vez maior, a grande quantidade de automóveis provoca muito trânsito e os meios de transporte coletivos não são suficientes.

Na maioria das cidades, uma alternativa vista com bons olhos é o uso das bicicletas. Os defensores da ideia dizem que, além de ser um meio de transporte, a bicicleta ocupa menos espaço do que os outros veículos, não polui e ainda promove o exercício físico do usuário.

Em todo o mundo, a criação de ciclovias tem mudado a paisagem urbana.

A ciclista e artista canadense apelidada de Janet Bike Girl criou uma série de pôsteres para promover o uso da bicicleta.

JANET BIKE GIRL

Pôsteres de Janet Bike Girl, em Toronto, Canadá.

BICICLETAS: JANET BIKE GIRL

1ª SUGESTÃO UM TRANSPORTE ALTERNATIVO

Não se sabe ao certo quem foi o inventor da primeira bicicleta. Mas até os dias de hoje, esse invento vem sendo adaptado e melhorado. Por exemplo, o artista uruguaio que vive no Brasil, Juan Muzzi, desenvolveu uma maneira de construir o corpo da bicicleta a partir da reciclagem de garrafas PET.

Que tal construir uma máquina de transporte para nos levar, de forma imaginária, a vários ambientes do mundo?

Forme um grupo com seus colegas e desenhe projetos antes de realizar sua construção.

COLEÇÃO PARTICULAR

Quadro nº 6 (2010) – Juan Muzzi – Óleo sobre tela.

Dicas e ideias úteis para a construção de sua máquina:

- **Materiais** – você pode usar sucata (como papelões, garrafas PET e caixas de leite) para construir sua máquina de transporte.
- **Tripulação** – como se trata de um trabalho em grupo, analise qual projeto é mais fácil de executar, ou faça uma mistura de todos os projetos dos integrantes da equipe.
- **Interior** – uma boa ideia é fazer uma máquina cujo interior possa ser visitado pelas pessoas.
- **Diário de bordo** – junto da máquina de transporte, pode ser exposto um diário de bordo com informações e imagens dos lugares visitados na viagem imaginária.

GLAIR ARRUDA

COLEÇÃO PARTICULAR

Muzzicycle (s/d) – Juan Muzzi – Bicicleta feita com garrafas PET.

ATIVIDADE MEIO DE TRANSPORTE

Invente um meio de transporte que não existe. Ele deve ser capaz de levá-lo aos lugares que você desejar.

Use a página 109, no final do livro, para desenhar seu invento. Recorte as rodas e os acessórios desta página e cole em seu desenho.

THINKSTOCK/GETTY IMAGES

THINKSTOCK/GETTY IMAGES

RITA BARRETO

THINKSTOCK/GETTY IMAGES

THINKSTOCK/GETTY IMAGES

THINKSTOCK/GETTY IMAGES

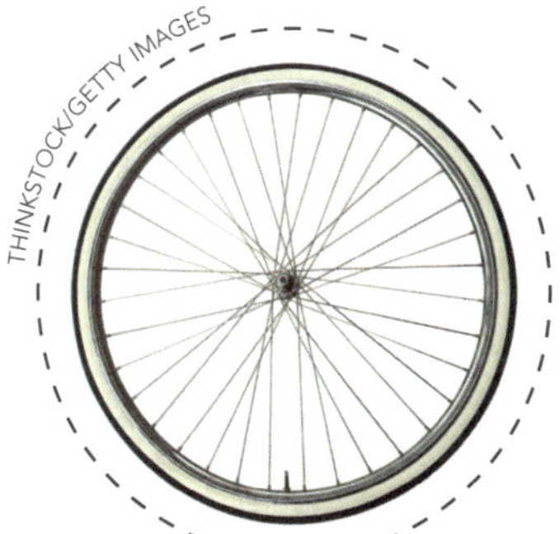
THINKSTOCK/GETTY IMAGES

THINKSTOCK/GETTY IMAGES

THINKSTOCK/GETTY IMAGES

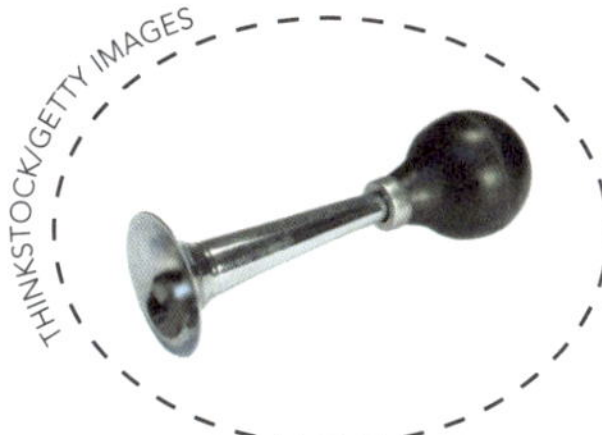
THINKSTOCK/GETTY IMAGES

THINKSTOCK/GETTY IMAGES

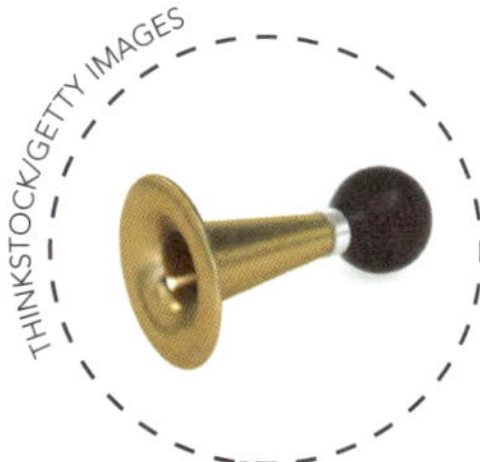
THINKSTOCK/GETTY IMAGES

2ª SUGESTÃO INTERVENÇÃO ARTÍSTICA

Muitos artistas fazem intervenções no espaço urbano, acrescentando elementos ao ambiente.

Veja esse exemplo de intervenção artística que aconteceu em São Paulo: integrantes do Coletivo BaixoCentro derramaram tintas no cruzamento de duas ruas. Carros, ônibus, caminhões, bicicletas e tudo o mais que se movimentou por ali ajudou a espalhar a tinta formando uma grande pintura no chão.

Você já viu uma intervenção artística? E que tal fazer uma?

Dicas para saber mais e para fazer sua intervenção artística:

- **Pesquisa** – pesquise obras de outros artistas que fazem intervenções no espaço urbano.
- **Respeito ao ambiente** – pense em trabalhos e materiais que não sejam agressivos ao ambiente.
- **Local** – escolha, com cuidado, o local onde será realizada a intervenção e consiga a permissão para isso. A intervenção pode ser feita na própria escola.
- **Montagem** – faça a montagem de sua intervenção de maneira organizada, recolhendo os restos de materiais e deixando o local limpo.
- **Registro** – fotografe sua intervenção e, depois, monte um álbum mostrando todo o processo (da montagem até a obra pronta).

ARTUR DE LEOS

ARTUR DE LEOS

Intervenção artística na Avenida São João com a Rua Helvétia, em São Paulo-SP (2012) – Coletivo BaixoCentro.

3ª SUGESTÃO JOGO TEATRAL DE TRANSFORMAÇÃO

No jogo teatral de transformação, os participantes são orientados a esquecer o lugar onde estão e os objetos que os rodeiam. Devem imaginar que foram transportados para um lugar indicado por quem está ditando as regras do jogo.

Para completar o jogo, vão se movimentar e agir como se estivessem nesse lugar imaginário e podem também criar objetos invisíveis. Por exemplo, se o lugar for uma quadra de vôlei, os participantes podem criar uma bola invisível e interagir com ela.

Sugestões de como organizar o jogo teatral de transformação:

- **Foco** – para determinar o foco do jogo poderão ser criadas fichas com nomes de lugares (praia, paisagem rural, cidade, deserto, escola, alto-mar etc.). As fichas serão colocadas em uma caixa e sorteadas pelo grupo que participará do jogo.
- **Instruções** – a turma será organizada em três grupos. Enquanto um grupo se apresentar, os outros formarão a plateia. O grupo que irá se apresentar sorteará uma ficha para saber para que lugar serão transportados. O nome do lugar não deverá ser pronunciado pelos participantes. A plateia tentará adivinhar que lugar está sendo encenado. O grupo que adivinhar ganhará o direito de fazer a próxima cena.
- **Improviso** – além de objetos invisíveis, objetos reais poderão ser usados com criatividade. Por exemplo, uma cadeira poderá virar uma moto, uma mesa se transformar num barco. Se as apresentações forem feitas na sala de aula, a lousa, por exemplo, poderá ser usada para completar a cena com desenhos (um Sol para a praia, pirâmides para o deserto etc.), a mochila poderá virar pedra ou pessoa etc.
- **Avaliação** – verifique quais cenas serão mais rapidamente descobertas pela plateia. No final das apresentações, ouça os elogios e as sugestões do público.

DIVULGAÇÃO/JOGANDO NO QUINTAL

Cena do espetáculo *Jogando no Quintal* (2008), em São Paulo-SP, do grupo teatral Jogando no Quintal.

4ª SUGESTÃO PAISAGEM SONORA

Todos os ambientes possuem um som próprio, que os diferenciam de outros lugares. Por isso, podemos dizer que os lugares possuem uma paisagem sonora.

Assim, o centro de uma cidade grande costuma ser mais barulhento do que um ambiente rural. Um zoológico naturalmente terá sons de animais; uma escola, a voz dos alunos; e assim por diante.

Analisar a paisagem sonora de um lugar é mais um jeito de conhecê-lo melhor.

Que tal montar uma apresentação de paisagens sonoras?

ESTÚDIO VOTUPOCA

Imersão ao Pantanal: Paisagem sonora (2007) – Nivaldo Vitorino – Instalação com música no Museu de História do Pantanal, Corumbá-MS.

Sugestões para montagem de sua paisagem sonora:

- **Grupos** – organize a turma em grupos, de maneira que cada equipe fique responsável por pesquisar o som de um tipo de lugar.
- **Som** – os sons dos lugares podem ser gravados e analisados. Também podem ser reproduzidos com instrumentos, objetos, vozes etc.
- **Seleção de músicas** – muitos lugares também são marcados por certos tipos de música. A inclusão dessas músicas pode enriquecer a apresentação.
- **Imagens** – para complementar a apresentação, selecione imagens adequadas para cada lugar. Elas podem ser mostradas, por exemplo, com ajuda de um programa de computador ou projetor de *slides* ao mesmo tempo em que o som for produzido.

GLAIR ARRUDA

MAPA E PROGRAMAÇÃO

Para organizar um evento, é importante ter um mapa e uma programação. O mapa serve para mostrar onde cada atividade do evento será realizada. A programação informa sobre cada atividade, como o local, a data e o horário.

Faça um mapa da escola, na página 111, no fim do livro, apontando os locais onde acontecerão as atividades de encerramento do ano. No verso da página 111, produza um cartaz com a programação.

GLAIR ARRUDA

CAÇA AO TESOURO ESPECIAL: "ARCA DE NOÉ"
Com o Setor Educativo da Casa das Rosas, às 11h.

A brincadeira, baseada no livro *Arca de Noé*, de Vinicius de Moraes, envolve poesia e charadas na busca de um tesouro escondido na Casa das Rosas.

CONTAÇÃO DE HISTÓRIA: "QUEM É BICHO, É BICHO. QUEM É GENTE, É GENTE".
Com Núcleo Vendaval de Teatro, às 14h.

A contação tem como fio condutor o livro *Saga animal*, escrito por Índigo, e narra a história do garoto Igor e sua luta por um animal de estimação. Serão várias tentativas e vários bichos: um coelho, uma iguana, um sagui e até mesmo dois *escargots*.

CONTAÇÃO DE HISTÓRIAS: "HISTÓRIAS DOBRADAS"
Com Priscila Okino - Grupo Muriquinhos, às 15h.

No mundo das dobraduras é assim: a cada novo movimento, nova descoberta; a cada dobra, novas formas e figuras. E é com papel dobrado que vão se formando os personagens de histórias cheias de aventura e emoção. No final, quem prestou atenção aprende a construir um brinquedo e pode sair por aí contando outras histórias...

LUA NUCCI

FOLHA EXTRA DUAS FACHADAS

Título: ______________________________

Aluno: ____________________ Nº: ______ Ano: ______

FOLHA EXTRA MINHA ESCOLA DOS SONHOS

Título: ______________________________

Aluno: ______________________ Nº: ______ Ano: ______

FOLHA EXTRA PROJETO PARA CONSTRUÇÃO, COM NANQUIM

Título: ______________________________

Aluno: ____________________ Nº: ______ Ano: ______

MONUMENTO PARA MONTAR

Veja, ao lado, um exemplo de monumento desenhado, recortado e montado.

FOLHA EXTRA COMPOSIÇÃO QUENTE OU FRIA

Título: ______________________________

Aluno: ______________________ Nº: ______ Ano: ______

FOLHA EXTRA PAISAGEM NOTURNA, COM NANQUIM E GIZ DE CERA

Título: ______________________________

Aluno: ______________________ Nº: ______ Ano: ______

FOLHA EXTRA MEIO DE TRANSPORTE INVENTADO

Título: ____________________

Aluno: ____________________ Nº: ________ Ano: ________

FOLHA EXTRA MAPA DA ESCOLA E CARTAZ COM PROGRAMAÇÃO

Título: ____

Aluno: ___________________________ Nº: ________ Ano: ________